COURTE NOTICE

SUR

M. L'Abbé DELTEIL

ANCIEN PROFESSEUR

PAR L'ABBÉ P.

AURILLAC

IMPRIMERIE H. GENTET, 6, RUE MARCHANDE

1890

COURTE NOTICE

SUR

M. L'Abbé DELTEIL

ANCIEN PROFESSEUR

PAR L'ABBÉ P.

AURILLAC
IMPRIMERIE H. GENTET, 6, RUE MARCHANDE
—
1890

NOTICE NÉCROLOGIQUE

SUR

M. l'Abbé DELTEIL

Le mercredi 2 juillet, jour où l'Église chante, dans l'office à la Vierge : « Marie, se levant, se rendit à la hâte, à travers les montagnes, dans la ville de Juda », une âme de prêtre rompait les liens qui l'attachaient à la terre, et, franchissant, elle aussi, tous les sommets de la vie, pénétrait, libre et immortelle, dans la demeure des esprits. A huit heures du soir, alors qu'après la longue et pénible journée, tous les foyers s'emplissent, la nouvelle de la mort de M. l'abbé Delteil portait le deuil dans toutes les familles de Moussages, et, quelques heures plus tard, se répandait dans toute la région.

M. Delteil n'était pas encore un vieillard. Les soixante-trois années qui avaient passé sur sa tête et blanchi sa chevelure n'avaient pu entamer, ce semble, sa robuste constitution ; et c'est en toute vérité qu'il pouvait nous dire, il y a un an à peine, dans ce langage poétique qui lui était familier : « Je dors comme un enfant ; je cours comme un jeune homme. »

Né, en 1827, au village de Vareilles et d'une de ces patriarcales familles où les générations se transmettent avec fidélité l'héritage de la foi avec l'héritage de l'honneur, Georges Delteil était le quatrième fils de Pierre Delteil et de Jacqueline Chaviale. L'aîné, Guillaume, est mort, en 1885, assistant du Père général de la congrégation de la Mission, dont il fut un des sujets les plus remarquables. Le second, Georges, marié et père de trois enfants, dont l'un, suivant les traces de son oncle, est devenu, lui aussi, un digne enfant de saint Vincent de Paul, coule sous le toit de ses pères les derniers jours d'une vieillesse paisible. Le troisième, une fille, qui les a tous précédés dans la tombe, victime d'un terrible malheur. Le quatrième, Georges (l'abbé). Le cinquième, François, marié à sa cousine Pauline Rouchy, de Riom, laquelle mourut après peu d'années de mariage, lui laissant deux enfants, qui, après avoir été l'objet de ses plus tendres soins, font aujour-

d'hui son légitime orgueil et sa consolation :
Henri est notaire à Fontanges, Jules étudiant
en médecine. Enfin, Pierre, un autre élu du
Seigneur, prêtre dans le diocèse de La Rochelle,
est en ce moment curé-doyen de Montlieu.
Heureuse et mille fois heureuse, la famille
Delteil, lorsque le mois d'août de chaque année
ramenait ces quatre prêtres de même nom, de
même sang, quoique de vocations différentes,
sous les ombrages des noyers de Vareilles.
Quel touchant spectacle surtout pour la population de Moussages, quand, le dimanche de la
fête patronale (saint Barthélemy), on voyait, à
l'heure du Sacrifice solennel, ces trois frères,
échelonnés par rang d'âge sur les gradins de
l'autel ! Hélas ! c'est dans le même ordre qu'ils
descendent, l'un après l'autre, les degrés de
la vie.

Georges Delteil eut pour premier maître
M. Magnac, l'instituteur public de Moussages.
Nous lui devons, nous aussi, la première leçon ;
et, à travers un demi-siècle de distance, nous
nous plaisons à lui rendre ce témoignage que,
mieux inspiré que ses successeurs, il considé-
rait comme un devoir de sa charge de cultiver
tout à la fois l'âme et l'intelligence de ses élèves

et de former des chrétiens tout en faisant des hommes. Toutefois, ses leçons ne pouvaient suffire longtemps à l'esprit dévorant du jeune Delteil. A peine eut-il fait sa première communion, qu'il quitta l'école communale pour aller s'asseoir sur les bancs du collège. Rarement, nous ont dit souvent ceux qui furent ses condisciples, on a vu un élève aussi complet, aussi brillant que Georges Delteil. Pour lui, il n'y avait de difficultés d'aucune sorte. Sa rare intelligence pénétrait presque sans effort la pensée, parfois obscure, des auteurs grecs et latins. Doué d'une mémoire prodigieuse, il apprenait comme en se jouant ; et, chose non moins prodigieuse, Georges n'oublia jamais rien de ce qu'il avait appris. Aussi, quand venait le jour des récompenses, son triomphe était tel qu'il étouffait tout sentiment de jalousie pour ne laisser place qu'à l'admiration. Sur ses mains, sur son front, c'était une avalanche de livres et de couronnes ; et le père Delteil, témoin heureux de ses succès, trouva un jour, pour traduire son enthousiasme, cette expression, d'une énergie sans pareille : « Le Blanc (1), c'est une tête... de diable. »

(1) C'est le nom qu'on lui donnait vulgairement, à cause de la couleur de ses cheveux.

C'est presque toujours une lourde charge pour une famille de laboureurs que l'éducation d'un enfant, surtout quand cette éducation se prolonge jusqu'au baccalauréat. Georges Delteil, après deux ans de collège, trouva le moyen de se créer des ressources personnelles et de faire face à tous les frais de l'élève externe, sans faire appel à la bourse de son père. Il n'était encore qu'en troisième, qu'il avait déjà le prestige d'un maître consommé, et il sut inspirer une telle confiance aux premières familles de Mauriac que plusieurs n'hésitèrent pas à le charger d'apprendre à leur enfant les premiers éléments de la latinité ; ainsi, jusqu'à sa sortie du collège, il fut tout à la fois élève et professeur émérite.

Ses études terminées et après avoir glorieusement conquis son grade de bachelier ès-lettres, Georger Delteil ne se demanda pas un seul instant ce qu'il ferait de ses connaissances et de son diplôme. Pour lui et devant lui, une seule route était ouverte. Il était du nombre de ces prédestinés à qui Dieu avait dit un jour, dans un langage irrésistible : Viens et suis-moi. Georges fut fidèle à l'appel de Dieu, et, prenant le chemin que lui avait tracé son frère aîné, il entra, vers la fin de l'année 1847, au grand Séminaire de Saint-Flour.

Le jeune séminariste fut digne du brillant élève du collège de Mauriac. Non moins habile dans la science sacrée de saint Thomas que dans celle des odes et des satires, plus d'une fois il étonna ses maîtres par la subtilité de ses conceptions, la sûreté de son jugement et principalement par la vigueur de sa logique. Devenu prêtre, l'abbé Delteil ne fut jamais ni vicaire ni curé de paroisse ; le Maître le destinait à un nouveau genre d'apostolat. D'ailleurs, le ministère paroissial ne semblait convenir ni à ses goûts ni à ses aptitudes. Porté par son instinct et habitué déjà à ne voir la vérité et toutes choses que par leur côté le plus profond ou le plus sublime, difficilement il serait descendu jusqu'à la simplicité de l'humble catéchiste ; et, s'il était capable d'occuper un rang distingué dans la société des lettrés et des savants, peut-être eût-il passé pour un sujet médiocre aux yeux des ignorants et des simples. M. Delteil suivit donc la carrière qu'il avait inaugurée sur les bancs même de l'école : il fut professeur, professeur toute sa vie. Or, le professeur, ainsi que l'élève, ne s'élève d'ordinaire que graduellement des premières classes aux classes supérieures. M. Delteil franchit d'un bond tous les degrés de la hiérarchie. Après avoir rempli pendant quelques mois la charge de précepteur des enfants de la famille Mirande de Montbrun, il fut désigné par Mgr de Marguerie pour la chaire de philosophie au petit Séminaire de Saint-Flour. De là, il fut appelé au même titre au collège de Montdidier, où il ne passa qu'une année.

Dans le mois de septembre 1853, M. l'abbé Bonnenfant, professeur de rhétorique au collège de Mauriac, était transféré au collège de Saint-Flour. M. Combes, qui était alors principal à Mauriac et qui connaissait le mérite et les talents de son ancien élève, le demanda à l'administration supérieure et fut assez heureux pour l'obtenir comme successeur de M. Bonnenfant. On peut affirmer que, dès ce jour, le vieux collège de Mauriac est véritablement entré dans une nouvelle phase de prospérité. Les nombreux et brillants succès qui, chaque année, venaient couronner les dernières études firent une telle réputation au jeune maître qu'il semblait, au jour des épreuves, que c'était un titre à la victoire d'avoir été l'élève de M. Delteil.

Pendant vingt ans, il occupa tour à tour dans cette maison, qui était devenue la sienne, les chaires de rhétorique et de philosophie. Il fut même nommé principal après le départ de M. Lamouroux ; mais, cette charge, qu'il avait déjà refusée à la mort de M. Combes, de si douce mémoire, il ne la remplit qu'une année : Dieu l'avait fait professeur avant tout. Que de jeunes gens, dispersés aujourd'hui à tous les horizons et exerçant des professions diverses, lui sont redevables, non seulement de la science et des grades qui leur ouvraient l'avenir, mais surtout des principes d'une saine et religieuse philosophie. Chez M. Delteil, le prêtre ne se sépara jamais du professeur ; et le cœur de l'élève, plus encore que son esprit, fut et demeura toujours l'objet de ses soins et de sa perpétuelle sollicitude. Aussi lui ont-ils gardé tous, ou presque tous, un souvenir plein de vénération et de reconnaissance.

Durant son séjour à Mauriac et en dehors du collège, l'abbé Delteil s'était créé les relations les plus aimables, soit dans la ville, soit dans les environs. Sa vaste érudition, la franchise de son langage, assaisonné parfois d'originalités du meilleur goût, le faisaient estimer et rechercher par toutes les bonnes familles. Il fut l'ami de Paulin Durieu, tant que celui-ci ne fut pas doublé du député républicain. Gustave Robert, l'éminent avocat, fut son intime. Il fut même membre du cercle politique et littéraire de Mauriac, alors que, dans les cercles, on discutait encore avec calme et sans se montrer le poing. Mais un jour, un jour d'une année terrible, un trône croula ; et il fut mis à sa place quelque chose qui n'était pas un trône. Les uns dirent : C'est bien ! les autres : C'est mal ! L'abbé Delteil ne versa pas des pleurs sur le trône en ruine ; il n'aima jamais qu'un trône, et ce n'était pas celui des Bonaparte ; mais il se garda bien de sourire au régime nouveau qui succédait au régime impérial. Un jour, l'ami Durieu vint, avec son beau programme, solliciter l'appui de M. Delteil en faveur de sa candidature. « *Jamais,* répondit le professeur ; *il faut que mon représentant me représente.* » Durieu fut élu, et Delteil ne fut plus l'ami de Durieu. Un jour encore, certaine dame, qui n'avait, dit-on, aucun motif de maudire la République nouvelle, pérorait devant lui et quelques religieuses : « Voyez-vous, mes Sœurs, disait-elle, sous ce gouvernement, il n'y a plus de privilèges. » — « Non, répliqua l'abbé Delteil, il n'y a plus de privilèges ; seulement le premier garde-champêtre du pays devient le premier financier de l'arrondissement. » La belle dame se leva et disparut fort mécontente ; car elle connaissait un cher homme qui venait de passer sans transition de la forêt à une recette particulière. Nous citons ces traits entre mille autres, parce qu'ils sont demeurés légendaires et qu'à eux seuls ils font connaître l'homme.

M. Delteil, on le voit, ne sut jamais étouffer sa pensée. Il avait lui-même un tel respect pour la vérité, par le seul fait qu'elle était la vérité, la vérité logique, qu'il était persuadé qu'elle n'avait besoin d'aucun ménagement pour s'imposer à toutes les volontés comme à tous les esprits. Le professeur de philosophie eut, selon nous, un tort immense : celui de ne voir autour de lui que des philosophes. Or, ces philosophes n'avaient pas tous le désintéressement des Bias. Voyant soudain s'ouvrir devant eux diverses voies qu'ils croyaient à jamais fermées à leur ambition, ils se firent des opinions favorables et parlaient un langage de circonstance. L'abbé Delteil en a ri tout haut, et l'accord entre eux n'exista plus.

On ne s'étonnera donc pas que cet homme, d'une stabilité parfaite dans ses idées et d'une franchise souvent brutale dans ses appréciations, soit devenu un personnage importun et gênant pour les nombreux partisans des métamorphoses. Si, à cette première cause d'antipathie, nous ajoutons le scandale nouveau de voir la première chaire d'un établissement universitaire occupée par un prêtre, sous le soleil de la République, on ne se demandera plus pourquoi, après vingt ans de labeurs et de dévouement, après avoir rendu au collège de Mauriac des services inoubliables, M. Delteil fut transféré tout à coup de Mauriac à Tulle. On a dit depuis que du jour du départ de l'abbé Delteil datait la décadence progressive de notre collège. J'ignore si son état de prospérité actuelle est bien fait pour donner un démenti à cette affirmation. M. Delteil ne fit que passer au collège de Tulle. Les mêmes causes produisant partout les mêmes effets, il fut rendu à la vie privée avant la fin de la seconde année.

Trop jeune encore et trop actif pour s'endormir dans un repos prématuré, que n'alimentait d'ailleurs aucune pension de retraite, il accepta, sur la proposition qui lui en fut faite, une des premières chaires au petit Séminaire de Nice, où se trouvait déjà son cousin Léon Rouchy, prêtre de la Mission. M. Delteil passa quelque deux ou trois ans dans cette maison. Mais, si heureux que l'on soit au pays des fruits d'or, il s'aperçut un jour qu'il était arrivé à cet âge où rien n'embellit notre exil et ne tient lieu de la patrie absente. Il revint donc sur nos montagnes d'Auvergne, qu'il préférait, disait-il, aux coteaux embaumés de Nice et à la brise des mers. Malgré sa sympathie pour le lieu de sa naissance, l'abbé Delteil résolut d'habiter Riom-ès-Montagnes. Là était son frère François, seul et isolé comme lui, pendant que ses fils faisaient au loin leurs dernières études. Les deux frères n'habitèrent pas cependant sous le même toit ; mais ils se visitaient chaque jour, se communiquaient leurs joies et leurs peines et s'entretenaient familièrement de tout ce qui leur était cher dans la vie et dans la mort.

La retraite du professeur ne demeura pas longtemps ignorée. De nombreux jeunes gens vinrent solliciter ses leçons, et sa maison prit bientôt l'aspect d'un petit collège. Là encore, pendant les dix dernières années de sa vie, il a fait des bacheliers, des surnuméraires, des receveurs de l'enregistrement.

Lorsque, à la saison des vacances, il prenait quelques semaines de repos, il en profitait pour visiter tous les membres de sa famille, pour voir ses confrères, qui étaient tous ses amis ; et l'accueil empressé qui lui était fait partout lui donnait le droit de croire qu'il était de toutes les familles, de tous les presbytères.

Ce fut dans les derniers mois de l'année 1889 qu'il ressentit les premières atteintes du mal terrible qui devait le précipiter au tombeau. Peu à peu sa physionomie s'altéra ; ses forces visiblement déclinèrent. A la fin de décembre, il écrivait : « Ma santé est fortement ébranlée. » Cet aveu était d'autant plus significatif que M. Delteil ne se lassait pas de faire l'éloge de sa santé et de sa perpétuelle jeunesse. Aux yeux de tous, il dépérissait sensiblement. La difficulté progressive qu'il éprouvait à prendre de la nourriture ne laissa bientôt aucun doute sur la nature de la maladie ; il était atteint d'une tumeur cancéreuse à l'estomac. La pensée que le climat de Vareilles, plus doux que celui de Riom, lui serait salutaire le détermina à changer de résidence. Le mal le suivit partout et partout fit son œuvre de destruction. En vain cherchait-il à le fuir en parcourant d'un pas chancelant les sentiers solitaires, témoins de ses jours heureux et de sa première vigueur. Un jour vint où l'illusion ne lui fut plus possible. La science et l'amitié confessèrent leur impuissance. Les nombreux visiteurs qui venaient chaque jour lui dire une parole d'encouragement s'éloignaient le cœur serré et, en lui disant : Au revoir, ils lui disaient un dernier adieu.

Je dois dire ici que la famille et les amis de l'abbé Delteil doivent une reconnaissance particulière au jeune abbé Dupuy, vicaire de Moussages. Pendant le séjour de leur cher malade à Vareilles, M. Dupuy n'a guère manqué de l'y visiter chaque jour. Il passait même auprès de lui toutes les heures que les devoirs du ministère laissaient à sa disposition. Il le consolait, il l'encourageait. Dans de doux entretiens, les heures de la douleur s'écoulaient plus rapides, et, quand le moment de se séparer était venu, on se donnait rendez-vous pour le lendemain. C'est le jeune vicaire qui a reçu les dernières confidences du vieux prêtre ; qui, le matin du jour fatal, a célébré pour lui la sainte messe, dans la chapelle privée de la maison ; qui, à l'heure du péril, lui a départi toutes les faveurs de l'Église. C'est lui, enfin, qui, à huit heures du soir, a recueilli son dernier souffle et l'a endormi dans le cercueil.

Que ce cher abbé veuille bien trouver ici un témoignage de profonde et sincère gratitude.

Le matin du vendredi 4 juillet, c'est-à-dire à l'heure des obsèques, toute la population de Moussages et un grand nombre de personnes des paroisses voisines se pressaient dans les rues ou dans l'église paroissiale, richement ornée pour la circonstance. Quinze prêtres attendaient à l'entrée du bourg l'arrivée du char funèbre. M. l'Archiprêtre de Mauriac était arrivé des premiers, heureux, disait-il, d'apporter au brave abbé Delteil un témoignage de ses sympathiques regrets. M. le Doyen de Riom, M. le Directeur et M. l'Aumônier de Saint-Angeau, le clergé de Trizac, d'Anglards, d'Auzers, etc., autant d'amis du défunt, s'étaient fait un devoir de venir prier près de sa dépouille mortelle et de lui donner un nouveau gage de leur sincère attachement. Pendant la série des messes basses, qui ont été dites dans les chapelles latérales, deux offices solennels ont été chantés, au milieu du plus profond recueillement, le premier par M. le Doyen de Riom, le second par M. l'Archiprêtre de Mauriac.

Au cimetière, aucun discours n'a été prononcé. Les morts, d'ailleurs, n'ont pas besoin des discours des vivants, lorsque leur vie et leurs œuvres font leur plus bel éloge.

AURILLAC, IMP. H. GENTET, 6, RUE MARCHANDE

www.ingramcontent.com/pod-product-compliance
Lightning Source LLC
LaVergne TN
LVHW021904180726
843502LV00008B/2878